SAGGIO
TIPOGRAFICO

FREGI

E

MAJUSCOLE

INCISE E FUSE

DA

GIAMBATTISTA

BODONI

DIRETTORE

DELLA STAMPERIA REALE

A PARMA

NELLA STAMPERIA STESSA

1771

*Segnius irritant animos demiſſa*
*per aurem ,*

*Quam quae ſunt oculis ſubjeƈta*
*fidelibus .*

Horat. De Art. Poet.

AGLI
ACCURATI E DILIGENTI
## TIPOGRAFI

*GIAMBATTISTA BODONI*
*SALUZZIESE*

Se dal cafo più, che dalla ftudio-
fa meditazione nati fono talvolta gli
utili ritrovati, non fembra doverfi
di qua ripetere l' origin primiera de'
caratteri nelle ftamperie adoperati.
Credevalo il Tolando, o finfe di
crederlo, ma non giunfe a perfua-
derne alcuno. Nè più ficura a me

pare la opinione di chi, fpogliando
gli Europei della gloria di quefta
mirabil invenzione, la fa a noi re-
care dalle ultime regioni del mon-
do dai primi noftri Italiani navigato-
ri. GUTTEMBERG, FUST, e SCHOIF-
FER non conobbero nè il luogo di
Cicerone, che fi vuol addurre a pro-
vare la cafualità di quefto ritrovato,
nè i viaggi di Marco Polo, o d'altro tale, che pretendefi apportatore
de' primi caratteri; i quali fe dal va-
fto impero Chinefe foffero pur venu-
ti, avrebbero fervito ad infegnare
più tofto l'arte d'incider ful legno,
non quella di fonder le lettere mo-
bili, e folitarie. E fe la ingegnofa
invenzione della stampa, divenuta
oggidì maffimamente il foggetto di
una letteraria contefa, ha fatto ufci-
re in luce parecchi dotti libri, che
vanno per le mani di tutti gli eru-
diti, fembra tuttavia che il lettore

imparziale non poffa si agevolmen-
te decidere quale delle tre città,
che fi contendon queft' onore, deb-
ba crederfi madre, ed inventrice;
tanti, e tanto vari fono i documenti
che fi producono. Occupati per lo
più quefti scrittori nella difcuffione
di un punto cronologico, nel ridi-
re le vicende della nafcente stamperia, le fue migrazioni d' uno in altro paefe, nello inveftigare quali
foffero i primi libri colle stampe
pubblicati, nel defcriverne la forma, la difadorna fimplicità, la car-
ta, poco fi fono curati di far parola
della generazione, e gettatura de'
metallici caratteri. Nulla forfe puo-
te apparare un uom di stamperia
dalla lettura di quefti bibliografi,
che lungo, ed anche inutil farebbe
il commemorare. Un Alemanno
scrittore. Paolo Pater, la cui pro-
liffa differtazione abbiam letta ne'

monumenti tipografici del Wolfio, è uno de' primi, che abbia fviluppate quefte nozioni, e fiafi applicato a defcrivere le forme, e le proprietà dei diverfi caratteri, la ferie di quanti convengono ad una ben compofta officina tipografica, la proporzione de' metalli, che s'impiegano nel gettarli, e tutto il primario meccanifmo di queft' arte noftra. Il giovine Fournier, nella cui morte fi è perduto il più abile, e intelligente fonditore, dopo avere di quefte cofe diftefamente ragionato nelle fue differtazioni, ci ha lafciato il fuo egregio manuale tipografico, che può per fe folo inftruire, e formare un ottimo gettatore di caratteri; ingiufto folo verfo l' Italia, di cui o ha ignorate le antiche fonderìe, o le ha indebitamente pretermeffe; poichè egli non nomina fe non la Vaticana fotto Gregorio XIII che chiamò a gettarvi i caratteri Roberto Granjon, e tace la Fiorentina, à cui tanto contribuì la generofità de' Medici, e la induſtria del Greco Laſcaris, tace l' Ambroſiana a' tempi del cardinale Federico Borromeo, tace la Patavina corredata di tutti gli orientali caratteri dal beato cardinale Barbarigo.

Noi fin d'allora, ch' eccitati dal domeſtico eſempio, abbiamo rivolto l' animo a feguire gli ſtudi medeſimi de' noſtri maggiori coll' eſercizio della tipografia, perſuaſi, che un accurato ſtampatore dee conoſcere la natura, e la perfezione di quelle coſe, ch' egli impiega quotidianamente nell' arte ſua, deliberammo di formare noi ſteſſi i ponzoni, le matrici, i caratteri, e quanto fa parte della impreſſione. Fatto un diligente eſame, ed una faticoſa analiſi de' caratteri di Aldo, di Stefano, di

Morello, di Wetſtein, di Plantino,
e degli alfabeti di Teodoro, e Iſ-
raello de Bry, di Edemburg, di Glaſ-
cau, e di quanti alla stampa hanno
apportato incremento, e ſplendore,
ſu queſte tracce abbiamo cercato d'in-
ſtradarci, e avvicinare, quanto per
noi ſi poteva, alla maggior nitidez-
za, confiſtenza, ed eleganza delle
lettere. Quando colla noſtra opera
attendevamo alla compoſizione ne'
libri latini, ed eſotici nella celebre stamperia della *congregazione
di propaganda*, già ſi lodavano, ed
ammiravanſi ancora i caratteri del
signor Baskerville, che per una falſa
ſuppoſizione, e per un error popo-
leſco tal'uno chiama caratteri d'ar-
gento, come volgarmente appellati
furono que' della biblia del cardinale di Richelieu. Noi però giudicam-
mo, ſenza invidia alcuna, che più
util farebbe l'attenerci a quelli del

Fournier, che fpiran forfe maggior proporzione di parti. La preferenza che al Fournier fi era data dai re di Svezia, e di Pruffia per provvedere le loro stamperie, giuftificava il noftro giudizio.

I caratteri adunque in quefto faggio impreffi, fono una derivazione dei Fourneriani, e chi vale nella cognizione di quefte cofe, non ci priverà almeno della tenue lode di una efatta imitazione. Ho detto effer quefto, come in effetto egli è, un faggio, non avendo fin'ora fatti i ponzoni, e le matrici che per i caratteri in effo contenuti. Quanto ai caratteri greci, efaminati tutti que' del fecolo XVI, anteporremo d'imitare quelli di Arrigo Stefano, che fono tanto più belli, e ben conformati di que' di Aldo Manuzio, quanto il primo nella greca letteratura fuperava il fecondo. Ebbero

fama in un tempo le due Venete
officine Giuftiniana, e Pinelliana,
d'onde ufcirono tanti volumi de'
Greci moderni; ma poichè i loro
caratteri erano gettati, e fufi fulle
forme di Zaccherìa Calliergi, e quefti aveale diffegnate fui codici de'
baffi tempi, non ci atterremo a co-
piare alcuno di quefti alfabeti. Ove
piaccia a Dio foftenerci col favor
fuo, profeguiremo fenza indugio a
compiere tutta la ferie ad una ftam-
perìa neceffaria; e recati a termine
i caratteri latini, e greci fecondo
le diverfe gradazioni loro, porremo
cura, e fatica nel formare gli orientali più ufitati. E perchè domina
nell'età noftra una certa dilicata
intelligenza, che richiede la fquifi-
tezza, ed il ben difpofto ornato nelle
stampe; fu i migliori modelli abbiamo incifi i fregi per formare i ca-
po-pagina, i finali, le lettere ma-

iuſcole ec. che veggonſi in queſto
ſaggio.

Gradevole adunque ci luſinghia-
mo ſarà per riuſcire non tanto agli
accurati tipografi, che agli uomini
di lettere, lo avere a pubblico van-
taggio ſtabilita, ed aperta una get-
teria di nuovi, e ſolidi caratteri, e
di tutt' altro, che nell' arte impreſ-
ſoria occorrer poſſa, laſciando al
giudizio imparziale degli eſperti ed
intelligenti lo eſaminarne la bellez-
za, e la coſtante uniformità; e come l' occhio, la ſpalla, le diſtanze,
e tutti gli altri aggiunti li rendano
ſuperiori a que' che ſi gettano og-
gidi nelle poche, e quaſi conſunte
officine Italiane. I profeſſori deſide-
roſi di far ridurre a miglior forma i
loro caratteri, potranno avere a me
ricorſo in Parma, dove ho l'ono-
revole ſorte di preſiedere alla reale
ſtamperia, ſicuri che non ſi man-

cherà nè alla follecitudine nel fon-
derglieli, nè alla buona fede nel
contratto; e farebbe per me troppo
avventurofo, che le fatiche mie po-
teffero contribuire a richiamare il
decoro, la efattezza, la dignità delle
stampe Italiane!

Sebbene io non vi avrò mai al-
tra parte, fe non quella di feconda-
re, giufta le forze mie, i magna-
nimi difegni di quefto reale sovra-
no FERDINANDO I, che, dopo
aver fatte rinafcere ne' fuoi stati le
scienze, e le arti; dopo aver invi-
tati gl' ingegni Italiani alle più lo-
devoli imprefe; dopo aver premiati
gli studi per tante maniere, ha pur
voluto, che la fua reale stamperìa
emulaffe le più celebrate di qualfi-
voglia paefe. Erede di tante virtù
de' fuoi augufti antenati, fembra ef-
ferfi propofto ad imitare i luminofi
efempi e di LUDOVICO XI, che il

primo in Francia accolſe, e ſoſtenne la naſcente arte tipografica, e di FRANCESCO I , padre delle lettere, ai di cui auſpici deve quella colta nazione i primi greci caratteri , i romani , ed i corſivi , de' quali il fonditore Garamond arricchì la reale stamperia di Parigi , e che hanno ſervito di modello a tanti eccellenti artefici.

I

FREGI
SULLE
VARIE SPALLE
DE'
CARATTERI

Floriferis ut apes in faltibus omnia
libant .

*Lucret. lib. III v. 11*

## MOMPARIGLIA

1  ┥⊂▢⊃┝ ┥⊂▢⊃┝ ┥⊂▢⊃┝ ┥⊂▢⊃┝ ┥⊂▢⊃┝

2  ✳✳✳✳✳✳✳✳✳✳✳✳✳✳✳✳✳✳

3  ×××××××× × ×××××××

4  ᶹᶹᶹᶹᶹᶹᶹᶹᶹᶹᶹᶹᶹᶹᶹᶹᶹᶹᶹᶹᶹᶹ

5  ☺☺☺☺☺☺☺☺☺☺☺☺☺☺

6  ᘓᘓᘓᘓᘓᘓᘓᘓᘓ ᘓᘓᘓᘓᘓᘓ

7  ↓↓↓↓↓↓↓↓↓↓↓↓↓↓↓↓↓↓↓↓

8  ◎◎◎◎◎◎◎◎◎◎◎◎◎◎◎◎◎

9  ⚘⚘⚘⚘⚘⚘⚘⚘ ⚘⚘⚘⚘⚘

10 →)(←→)(←→)(←→)(←→)(←

11 ⚶⚶⊙⚶⚶⊙⚶⚶⊙⚶⚶⊙⚶⚶

12 ↔↔<<↔↔↔↔<<↔↔↔↔<<↔↔

13 ×××××××××××××××××××

14 ⊙⊙⊙⊙⊙⊙⊙⊙⊙⊙⊙⊙⊙

15 ▣▣▣▣▣▣▣▣▣▣▣▣▣▣▣▣▣▣

16 →⊩←→⊩←→⊩←→⊩←→⊩←→⊩←→⊩←

17 ⌒⌒ ⌒ ⌒⌒ ⌒ ⌒⌒

18 ⚜⚜⚜⚜⚜⚜⚜⚜⚜⚜⚜⚜⚜

19 ०.०(०.०(०.०(०.०(०.०(०.०(०.०(

| 20 | ✳✳✳✳✳✳✳✳✳✳✳✳✳✳✳✳✳ |
|----|-------------------------|
| 21 | ▫▫▫▫▫▫▫▫▫▫▫▫▫▫▫▫▫▫ |
| 22 | ꜱꜱꜱꜱꜱꜱꜱꜱꜱ ꜱꜱꜱꜱꜱꜱꜱꜱ |
| 23 | ▭▭▭▭ ▭▭▭ ▭▭▭ ▭▭▭▭ |
| 24 | ⚡⚡⚡⚡⚡⚡⚡⚡⚡⚡⚡ |
| 25 | ▬◉▬◉▬◉▬◉▬◉▬ |
| 26 | ◇◇◇◇◇◇◇◇◇◇◇◇ |
| 27 | ✿✿✿✿✿✿✿✿✿✿✿✿✿ |
| 28 | ▣▣▣▣▣▣▣▣▣▣▣▣▣ |
| 29 | ╬╬╬╬╬╬╬╬╬╬╬╬╬╬╬ |
| 30 | ⬡⬡⬡⬡⬡⬡⬡⬡⬡⬡⬡⬡ |
| 31 | ⌇⌇⌇⌇⌇⌇⌇⌇⌇⌇⌇⌇ |
| 32 | →)(←→)(←→)(←→)(←→)(← |
| 33 | ⁂⁂⁂⁂⁂⁂⁂⁂⁂⁂⁂⁂ |
| 34 | ✕✕✕✕✕✕✕✕✕✕✕✕✕✕ |
| 35 | →‹·›→‹·›→‹·›→‹·›→‹·› |
| 36 | ✄✄✄✄✄✄✄✄✄✄✄✄✄ |
| 37 | ⤜⤜⤜⤜⤜⤜⤜⤜⤜⤜⤜⤜ |
| 38 | ⊂⊃⊂⊃⊂⊃⊂⊃⊂⊃⊂⊃◉ |
| 39 | →)(←→)(←→)(←→)(←→)(← |

| | |
|---|---|
| 40 | |
| 41 | |
| 42 | |
| 43 | |
| 44 | |
| 45 | |
| 46 | |
| 47 | |
| 48 | |
| 49 | |
| 50 | |
| 51 | |
| 52 | |
| 53 | |
| 54 | |
| 55 | |
| 56 | |
| 57 | |
| 58 | |

## TESTINO

| | |
|---|---|
| 59 | ✦◦✦ ✦◦✦ ✦◦✦ ✦◦✦ |
| 60 | ✿✿✿✿✿✿✿✿✿✿✿✿✿ |
| 61 | ✦✦✦✦✦✦✦✦✦✦✦✦✦✦ |
| 62 | ♔♔♔♔♔♔♔♔♔♔♔♔♔♔♔ |
| 63 | x x x x x x x x x x x x x x x x |
| 64 | ✪✪✪✪✪✪✪✪✪✪✪✪✪✪ |
| 65 | ◎◎◎◎◎◎◎◎◎◎◎◎◎◎◎ |
| 66 | XXXXXXXXXXXXXXXXXX |
| 67 | ❧❧❧❧❧❧❧❧❧❧❧❧❧ |
| 68 | ❧❧◦❧❧◦❧❧◦❧❧ |
| 69 | ❖❖❖❖❖❖❖❖❖ |
| 70 | ❀❀❀❀❀❀❀❀❀ |
| 71 | ⧆⧆⧆⧆⧆⧆⧆⧆⧆⧆⧆⧆⧆⧆ |
| 72 | ❦❦❦❦❦❦❦❦❦❦ |
| 73 | ❦❦❦❦❦❦❦❦❦ |
| 74 | ◈◈◈◈◈◈◈◈◈◈◈◈◈ |
| 75 | ✳✳✳✳✳✳✳✳✳✳✳✳✳ |

| 76 | |
|----|---|
| 77 | |
| 78 | |
| 79 | |
| 80 | |
| 81 | |
| 82 | |
| 83 | |
| 84 | |
| 85 | |
| 86 | |
| 87 | |
| 88 | |
| 89 | |
| 90 | |
| 91 | |
| 92 | |
| 93 | |

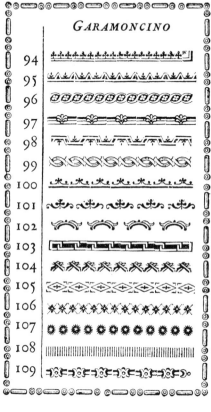

## GARAMONCINO

94

95

96

97

98

99

100

101

102

103

104

105

106

107

108

109

| | |
|---|---|
| 110 | ꙮꙮꙮꙮꙮꙮꙮꙮꙮꙮꙮꙮꙮꙮ |
| 111 | ⚭ ⚭ ⚭ ⚭ ⚭ ⚭ |
| 112 | ⊹⊹⊹⊹⊹⊹⊹⊹⊹⊹⊹⊹⊹⊹⊹ |
| 113 | ꙌꙌꙌꙌꙌꙌꙌꙌꙌꙌꙌꙌꙌꙌꙌ |
| 114 | ◈ ◈ ◈ ◈ ◈ ◈ ◈ ◈ ◈ |
| 115 | ✳✳✳✳✳✳✳✳✳✳✳✳✳✳ |
| 116 | ⟡⟡⟡⟡⟡⟡⟡⟡⟡⟡⟡⟡⟡ |
| 117 | ◎◎◎◎◎◎◎◎◎◎◎◎ |
| 118 | ◊◊◊◊◊◊◊◊◊◊◊◊◊◊◊◊ |
| 119 | ⯊⯊⯊⯊⯊⯊⯊⯊⯊⯊⯊⯊⯊⯊⯊ |
| 120 | ⊠⊠⊠⊠⊠⊠⊠⊠⊠⊠⊠⊠⊠ |
| 121 | × × × × × × × × × × × × × × |
| 122 | ◈ ◈ ◈ ◈ ◈ ◈ ◈ ◈ ◈ ◈ |
| 123 | ✿ ✿ ✿ ✿ ✿ ✿ ✿ ✿ ✿ ✿ ✿ |
| 124 | ▭◉▭◉▭◉▭◉▭◉▭ |
| 125 | ☼ ☼ ☼ ☼ ☼ ☼ ☼ ☼ ☼ ☼ ☼ |
| 126 | ▧▧▧▧▧▧▧▧▧▧▧▧▧ |

| | |
|---|---|
| 127 | |
| 128 | |
| 129 | |
| 130 | |
| 131 | |
| 132 | |
| 133 | |
| 134 | |
| 135 | |
| 136 | |
| 137 | |
| 138 | |
| 139 | |
| 140 | |
| 141 | |
| 142 | |
| 143 | |

## II

## GARAMONE

| 144 | ❦ ❦ ❦ ❦ ❦ ❦ ❦ ❦ |
| 145 | ～❁～❁～❁～ |
| 146 | ～❁～～❁～ |
| 147 | ⬭ ⬭ ⬭ ⬭ ⬭ ⬭ |
| 148 | ✩ ✩ ✩ ✩ ✩ ✩ ✩ ✩ ✩ |
| 149 | ⏜⏜⏜⏜⏜⏜⏜⏜ |
| 150 | ✿ ✿ ✿ ✿ ✿ ✿ ✿ ✿ ✿ |
| 151 | ᶙ ᶙ ᶙ ᶙ ᶙ ᶙ ᶙ ᶙ ᶙ ᶙ ᶙ |
| 152 | ⁄⁄ ⁄⁄ ⁄⁄ ⁄⁄ ⁄⁄ ⁄⁄ ⁄⁄ |
| 153 | ❧ ❧ ❧❧ ❧ ❧ |
| 154 | ✺⟶❈⟵✺⟶❈⟵✺ |
| 155 | ⍦ ⍦ ⍦ ⍦ ⍦ ⍦ ⍦ |
| 156 | ❧❧ ❧❧ ❧❧ |
| 157 | ❀ ❀ ❀ ❀ ❀ ❀ ❀ ❀ ❀ ❀ |
| 158 | ✻ ✻ ✻ ✻ ✻ ✻ ✻ ✻ ✻ ✻ |

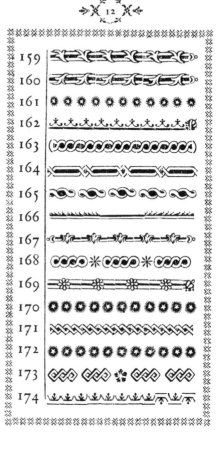

| 175 | |
| 176 | |
| 177 | |
| 178 | |
| 179 | |
| 180 | |
| 181 | |
| 182 | |
| 183 | |
| 184 | |
| 185 | |
| 186 | |
| 187 | |
| 188 | |
| 189 | |
| 190 | |

14

| 191 | |
| 192 | |
| 193 | |
| 194 | |
| 195 | |
| 196 | |
| 197 | |
| 198 | |
| 199 | |
| 200 | |
| 201 | |
| 202 | |
| 203 | |
| 204 | |
| 205 | |
| 206 | |

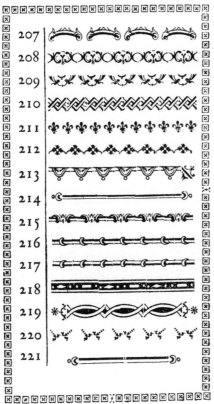

207

208

209

210

211

212

213

214

215

216

217

218

219

220

221

| 222 | | | | | |
|---|---|---|---|---|---|
| 223 | | | | | |
| 224 | | | | | |
| 225 | | | | | |
| 226 | | | | | |
| 227 | | | | | |
| 228 | | | | | |
| 229 | | | | | |
| 230 | | | | | |
| 231 | | | | | |
| 232 | | | | | |
| 233 | | | | | |
| 234 | | | | | |
| 235 | | | | | |

## *ANTICO*

236

237

238

239

240

241

242

243

244

245

246

247

248

| | |
|---|---|
| 249 | |
| 250 | |
| 251 | |
| 252 | |
| 253 | |
| 254 | |
| 255 | |
| 256 | |
| 257 | |
| 258 | |
| 259 | |
| 260 | |
| 261 | |
| 262 | |

263

264

265

266

267

268

269

270

271

272

273

274

275

276

| 277 | ⊏⊐⊏⊐⊏⊐⊏⊐⊏⊐⊏⊐ |
| 278 | ⋈⋈⋈⋈⋈⋈⋈⋈ |
| 279 | ═══════════ |
| 280 |  |
| 281 |  |
| 282 |  |
| 283 |  |
| 284 |  |
| 285 |  |
| 286 |  |
| 287 |  |
| 288 |  |
| 289 |  |
| 290 |  |

## SILVIO

| | |
|---|---|
| 291 | |
| 292 | |
| 293 | |
| 294 | |
| 295 | |
| 296 | |
| 297 | |
| 298 | |
| 299 | |
| 300 | |
| 301 | |

302

303

304

305

306

307

308

309

310

311

312

313

314

315

316

317

318

319

320

321

322

323

324

325

326

327

328

329

330

331

332

333

334

335

336

337

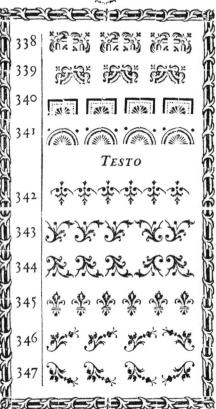

338

339

340

341

*TESTO*

342

343

344

345

346

347

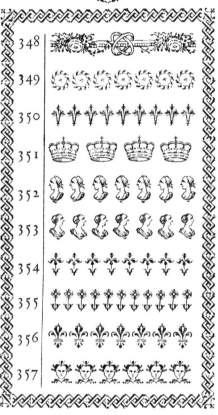

348
349
350
351
352
353
354
355
356
357

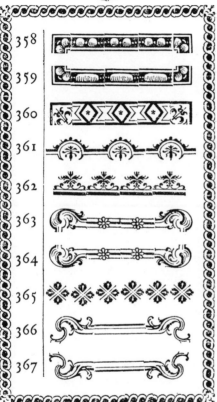

358

359

360

361

362

363

364

365

366

367

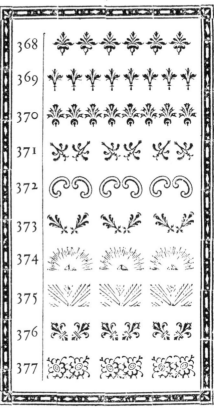

368

369

370

371

372

373

374

375

376

377

| | |
|---|---|
| 378 | |
| 379 | |
| 380 | |
| 381 | |
| 382 | |
| 383 | |

*PARANGONE*

| | |
|---|---|
| 384 | |
| 385 | |
| 386 | |

387

388

389

390

391

392

393

394

395

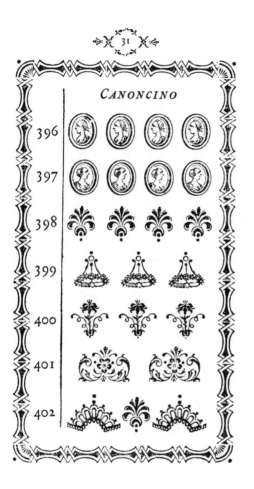

### Canoncino

396

397

398

399

400

401

402

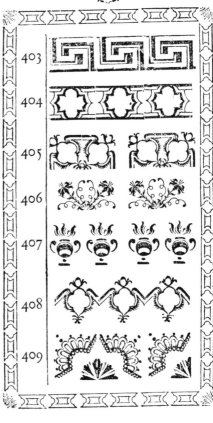

403

404

405

406

407

408

409

MAJUSCOLE
ORNATE
E
CARATTERI
MODERNI
DI
GIAMBATTISTA
BODONI

SI
GETTANO
NELLA STAMPERIA REALE
A
PARMA
MDCCLXXI

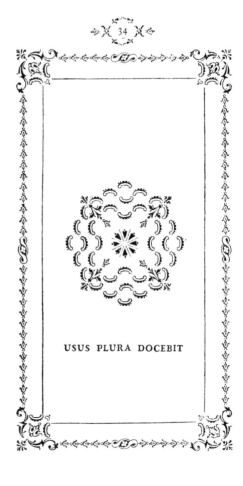

USUS PLURA DOCEBIT

# LETTERE

*DA DUE RIGHE*

ORDINARIE

*Mompariglia*

NABUCODONOSOR

*COSTANTINOPOLI*

*Teſtino*

VAGIENNOPOLI

*ALICARNASSO*

*Garamoncino*

# CHERSONESO

*ARCIPELAGO*

*Garamone*

# AGATOPOLI

*BABILONIA*

*Lettura*

# PIACENZA

*SALUZZO*

*Antico*

# PADOVA
## *TORINO*

*Silvio*

# ADRIA
## *MOSCA*

*Teſto*

# CRESO

# MIDA

*Canoncino*

# ACI
# SIL

# LETTERE

## DA DUE RIGHE

### ORNATE

SAMITERNO

MINERVA

AMILCARE

NISALVO

LEMICENE

NIDASPE

ARMIDA

CANORISBO

SELVAGGIO

NERIA

ROMA

MIREO

ELGANO

NISEO

*NICE*

*LICIO*

TALIA

## GARAMONE

*Zoilo* è celebre nell' antichità per il fanatiſmo, ch' egli ebbe di criticare gli Autori più illuſtri, come furono *Platone*, *Iſocrate*, e *Omero*. Queſta petulanza ignorante lo fece sì odioſo, che di lui non arrivò alla memoria de' poſteri, fuorchè il ſolo nome, e ſuole applicarſi a que' *Critici* d'ogni ſecolo, che ſomigliano a lui.

*Peripato* vale in Greco lo ſteſſo che luogo di paſſeggio, e così chiamavaſi in *Atene* la Scuola, da cui i *Filoſofi Peripatetici* derivarono il nome, perocchè vi ſi ſtudiava la *Filoſofia* paſſeggiando.

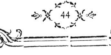 

## ANTICO

Tutti gl'ingegni umani fono limitati. Quelli, che hanno il nome di grandi, parti-
colari, rariffimi, non fono
che ingegni d'una qualche
maggior eftenfione. Arrivia-
mo bensì collo ftudio, e coll'
arte a nafcondere altrui quefti confini della capacità noftra; ma non poffiamo ne-
garli. *Optimus ille eft, qui
minimis urgetur.*

### SILVIO

L'arte nelle Scienze tutte non fa , che illuſtrar la Natura , ed ajutare quelle favorevoli diſpoſizioni , che ſortite abbiamo dalla medeſima : diſſe però ſaggiamente Quintiliano *Caput eſt artis docere quod facias . Itaque neque ſine arte , neque totum arte tradi poteſt.*

### TESTO

Nella decadenza dell'
Impero Romano paſ-
ſarono le Scienze tra
gli *Arabi*, e fioriro-
no allora gli *Albufa-*
*ragj*, gli *Abuſeldi*, gli
*Avicenj*, gli *Averoi*,
e cent' altri, de' quali
vedi *Jacopo Kettero*.

PALESTINA

Il Pontefice *Leone X.* fece rifiorire in *Italia* le Lettere, che da lungo tempo languivano in un miferabile oblìo.

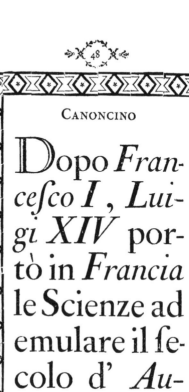

CANONCINO

Dopo *Fran-cesco I*, *Lui-gi XIV* por-tò in *Francia* le Scienze ad emulare il se-colo d' *Au-gusto*.

## GRECO

Ἴδιον δέ τι πεπόνθασιν οἱ
μεθ᾽ Ὅμηρον ποιηταὶ τοὺς
πρὸ τῶν Τρωικῶν βασιλεῖς
τυράννους προσαγορεύον-
τες, ὀψέ ποτε τοῦδε τοῦ
ὀνόματος εἰς τοὺς Ἕλλη-
νας διαδοθέντος κατὰ το-
ὺς Αρχιλόχου χρόνους,
καθάπερ Ἱππίας ὁ σοφις-
τής φησιν . Ὅμηρος γοῦν
τὸν πάντων παρανομώτα-
τον ἔχετον βασιλέα φησιν

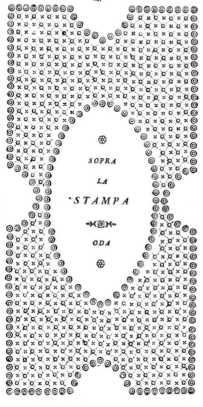

SOPRA

LA

STAMPA

ODA

# ODA

*I*gnota un dì al Romuleo,
　E all' Attico terreno,
　Alfin mi vide a nascere
　Sulle sue sponde il Reno.

Al vivo lume insolito,
　Che il nascer mio difuse,
　L'Arti più belle risero,
　E risero le Muse.

San che sostegno, e premio
　Son io de' lor sudori,
　San che per me verdeggiano
　Sempre sul crin gli allori.

Mentre sù fogli candidi
　Loquaci imprimo i segni,
　Agli anni parlo, ai secoli,
　Alle Provincie, ai Regni.

Fuor della tomba squallida,
　Che il freddo busto copre,
　Di cento Eroi che furono
　Il nome traggo, e l'opre.

Ancora per me vivono
　Bellerofonte, Alcide,
　Vive col Duce d'Itaca
　L'indomito Pelide.

*Dove fon io follecita*
*La Verità fen viene ,*
*Del cieco error fi fpezzano*
*Le mifere catene .*

*In lunga notte giacciono*
*Tartari , Perfi , e Traci ,*
*Perchè il mio Sol benefico*
*Son d'abborrir capaci.*

*Ma già dal Cielo Egizio* ✲
*Qualche balen riluce ,*
*Chi fa qual dì fauftiſſimo*
*Scorge sì bella luce .*

*Forfe avverrà che al gelido ,*
*E all' infiammato polo*
*Un dì potrò rivolgere*
*Sicuramente il volo ,*

*E tanti lidi incogniti*
*Di barbaro coftume ,*
*Con fortunato augurio*
*Avvezzerò al mio lume .*

---

✲ Si accenna il libro fopra l'ufo
del caffè , impreſſo , non è mol-
to , nel Gran-Cairo .

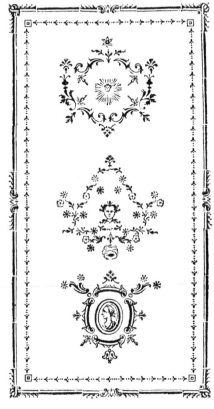

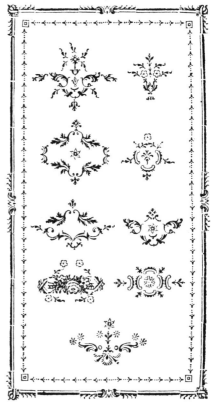

Giambattista Bodoni (1740-1813) was appointed director of the newly-established Stamperia Reale of Parma in 1768. Born in Saluzzo, at the foot of the Italian Alps in Piedmont, he learned the craft of printing in his father's shop. At the age of eighteen, he went to Rome and joined the Stamperia di Propaganda Fide at the Vatican, which printed texts for missions all over the world. There he learned to work with Oriental and other exotic types and languages and began his career as type-cutter and founder.

The Stamperia Reale to which Bodoni was called was founded by the Infante Don Ferdinando, the young Duke of Parma, and his French minister Du Tillot, who also established an Accademia di Belle Arti and a splendid Biblioteca, which now houses the Bodoni museum and archives. These institutions were designed to place Parma, whose dukes were members of the Bourbon family, among the cultural leaders of Europe. To this French-oriented court Bodoni brought the mature skills of his Italian training.

In 1771 he issued his first type specimen, *Fregi e Majuscole* (Ornaments and Capitals), a little book of thirty-eight leaves bound in white wrappers decorated with ornamental borders. His last specimen, the magnificent two-volume *Manuale Typografico*, was issued posthumously under his widow's imprint in 1818.

Bodoni's mature letter designs, characterized by clarity of form and sharp contrasts between thick and thin strokes, were widely distributed and copied. They reflect the neo-classic taste of the period, a style that Bodoni's innovations in design and typography contributed to shaping. His influence has been preserved by succeeding generations, for versions of "Bodoni" letters (not always close to the master's intention) continue to appear, even in phototype, today.

Eleanor M. Garvey
*Curator of Printing
and Graphic Arts*

This facsimile of Giambattista Bodoni's first type specimen, *Fregi e Majuscole* of 1771, has been made from one of two copies in original wrappers given by William Bentinck-Smith, Harvard class of 1937, to the Department of Printing and Graphic Arts of the Houghton Library. It commemorates an exhibition of typefounders' specimens, printers' manuals, and books of letter design from five centuries, the gift of Mr. Bentinck-Smith.

Two hundred copies have been printed as a keepsake for members of the class of 1937 as a remembrance of their reunion tea at the Houghton Library on Commencement day, June 10, 1982.

Four hundred copies have been printed for Friends of the Harvard College Library, and an additional nine hundred are for sale.